Leo & Co.

Unter Verdacht

INHALT

DIE HAUPTPERSONEN DIESER GESCHICHTE:

Leo

Leo ist Maler, aber er ist auch ein leidenschaftlicher Koch. Seine Kneipe „Leo & Co." ist ein gemütliches Lokal, in dem man gut und preiswert essen kann.

In zehn Tagen stellt Leo seine neuen Bilder in der Kneipe aus. Das macht er jedes Jahr. Die Ausstellungen sind erfolgreich und jedes Jahr kommen mehr Besucher: Freunde, Gäste, Kunstliebhaber, ...

Anna

Anna ist Studentin und jobbt in Leos Kneipe. Sie wohnt bei ihrer Oma Gertrude Sommer.

In dieser Geschichte hat sie eine besondere Aufgabe. Mit ihrer Freundin Veronika hilft sie Leo bei der Vorbereitung der Vernissage.

Veronika Meier

Veronika lebt und arbeitet bei ihrem Vater. Ihre kleine Tochter Iris erzieht sie allein. Meiers essen fast jeden Tag bei „Leo & Co."

In dieser Geschichte hilft Veronika ihrer besten Freundin Anna bei der Vorbereitung einer Ausstellung – und lernt dabei, wie man „Fingerfood" macht.

Klaus Meier

Klaus Meier ist Leos bester Freund. Zusammen mit seiner Tochter Veronika hat er die KFZ-Werkstatt „Meier & Meier". Seine Spezialität sind Oldtimer.

Von Kunst versteht Klaus nicht so viel.

Felipe

Felipe ist Pacos Cousin, er ist 17 Jahre alt und er geht noch zur Schule, aber ungern.

Felipe ist supercool und meist sehr nett.

Aber mit dem dauernden Schwarzfahren bekommt er irgendwann noch richtig Ärger.

Paco

Paco liebt Anna. Leider haben die beiden immer viel zu wenig Zeit füreinander.

Bei der Vernissage hilft Paco als Kellner und freut sich über die große Resonanz in der Zeitung. Aber bald gibt es schlechte Nachrichten.

Benno

Benno wohnt bei Leo im Haus, über der Kneipe. Weil er Leo manchmal hilft, muss er nicht viel Miete bezahlen. Er findet das prima, denn er hat nicht viel Geld.

Für die Ausstellung organisiert er die Getränke – leider ist sein Spanisch nicht so gut.

Christine Weskott

Christine Weskott ist Reporterin bei der „Morgenpost".

Frau Weskott hat nie Zeit: hier schnell ein Interview, dort schnell ein Foto, auch bei Leo muss es schnell gehen.

1

„Halt! Bleiben Sie stehen! Stehen bleiben!"
Felipe rennt.
Die beiden Männer in grauen Uniformen laufen hinterher. Felipe
ist schneller.
Er läuft die Treppen hoch. Er sieht zurück, die Männer verfolgen
ihn.
Er läuft auf der anderen Seite der U-Bahn-Station die Treppen
wieder runter.
Gerade kommt die Linie 3. Felipe steigt schnell ein.
Die Türen gehen zu. Im gleichen Moment kommen die beiden
Kontrolleure.
Zu spät. Die U-Bahn fährt ab. Felipe lacht und winkt.

Zwei Stunden später:

„Klopf! Klopf!"

„Jaaa! Reinkommen, es ist offen!"

Felipe trägt die beiden Plastiktüten in das Atelier.

„Na endlich! Du kommst schon wieder zu spät!"

„Probleme mit den Kontrolleuren." Felipe grinst.

„Mensch, Felipe! Irgendwann bekommst du noch richtig Ärger! Du kannst doch nicht immer schwarzfahren[1]. Hast du alles?"

„Ja. Warte." Felipe stellt die beiden Tüten auf einen Tisch und packt aus:

Einladungskarten, Etiketten, Briefmarken.

„Bitte schön!"

„Danke schön!" Leo klopft Felipe auf die Schulter.

Leo ist Maler, aber er ist auch ein leidenschaftlicher Koch. Er ist groß, schwer, hat lange Haare und freundliche Augen.

Das Atelier ist im ersten Stock. Im Erdgeschoss ist sein Lokal: „Leo & Co.".

Felipe geht noch zur Schule, aber zur Zeit sind Ferien. Er verdient sich gern ein bisschen Taschengeld dazu und jobbt in den Ferien bei Leo. Im Moment hilft er Leo bei der Vorbereitung einer Ausstellung. ➤Ü1

„Ich gehe ins Büro und drucke die Adressen auf die Etiketten. Kannst du schon mal die Briefmarken auf die Einladungen kleben?"

„Klar, mache ich. Soll ich die Einladungen nachher zur Post bringen?"

„Ja. Danke!"

Eine Stunde später sind die Einladungen fertig. Felipe bringt sie zur Post.

In 10 Tagen stellt Leo seine neuen Bilder in der Kneipe aus. Das

1 *schwarzfahren*: ugs. für *ohne Fahrschein fahren*

macht er jedes Jahr. Die Ausstellungen sind erfolgreich und jedes

Ü2 Jahr kommen mehr Besucher: Freunde, Gäste, Kunstliebhaber.

„Guten Abend, Leo!"

„Hallo, Klaus, mein Freund! Ich komme gleich, ich muss nur noch die Küche fertig machen."

„Kein Problem! Ich lese ein bisschen in der Zeitung. Heute hatte ich noch gar keine Zeit dazu. Bringst du mir ein Glas Rotwein?"

„Schon unterwegs!"

Klaus Meier ist der beste Freund von Leo. Zusammen mit seiner Tochter Veronika hat er eine Kfz-Werkstatt, gleich nebenan. Er kommt jeden Tag in die Kneipe.

Ein paar Minuten später bringt Leo den Wein.

„Danke! Hast du das gelesen? 100 Millionen Dollar für ein Bild von Picasso! Werden deine Bilder auch einmal so viel wert sein?"

Leo lacht: „Tja, mein Lieber, ich sage dir doch immer wieder: Du musst jetzt Bilder von mir kaufen! In ein paar Jahren kannst du sie dir nicht mehr leisten."

Leo lacht.

„Aber im Ernst! Ist das nicht verrückt? 100 Millionen für ein Bild! Was man mit dem Geld alles machen könnte ..."

„Wer das Bild kauft, hat noch ein paar Millionen übrig. Aber du hast recht, das ist verrückt. Dabei geht es überhaupt nicht um das Bild oder die Kunst von Picasso. Es geht allein um die Sensation: Das teuerste Bild der Welt! Das ist leider der Trend auf dem Kunstmarkt: Sensationen oder Skandale ..."

„Skandale?", fragt Klaus Meier.

„Ja! Skandale sind auch gut! Gut fürs Geschäft." ❯Ü3

Eine Woche später, Mittwochnachmittag.

„So, ihr Lieben. Der Countdown² läuft! Am Freitagabend ist die Vernissage."

„Die was?" Veronika hat das Wort nicht verstanden.

„Die Eröffnung! Aber internationale Künstler nennen das Vernissage", kichert Anna.

„Am Freitagabend ist die Vernissage und es gibt noch viel zu tun. Zum Essen gibt es ‚Fingerfood' und ..."

Veronika sieht zu Anna und flüstert:

„Was ist denn bitte ‚Fingerfood'?"

„Ein Häppchen, ein belegtes Brötchen oder so!"

Beide prusten los.

„Ihr benehmt euch wie kleine Kinder!", schimpft Benno.

Benno arbeitet auch in der Kneipe. Er wohnt bei Leo.

Anna studiert an der Universität und nebenbei arbeitet sie bei Leo. Veronika ist ihre beste Freundin. Heute besprechen sie die Ausstellungseröffnung.

●Ü4

„Entschuldigung!", sagt Veronika. „Aber Leo benutzt nie Fremdwörter und jetzt ..."

„Außerdem freuen wir uns auf die Eröffnung und sind schon so aufgeregt!", ergänzt Anna.

„Na, dann seid ihr ja richtig motiviert!", lacht Leo und erklärt seinen Plan:

---

2 *der Countdown: englisch*, das sagt man, wenn die Uhr abläuft, zurückzählen: 4-3-2-1-los, die letzten Minuten oder Sekunden vor einem großen Ereignis

„Also, es gibt ‚Fingerfood‘, das ist am einfachsten. Anna und Veronika gehen mit Tabletts herum und die Leute nehmen sich einfach was. Wir brauchen keine Teller, kein Besteck, nur Servietten.“

„Wie viele Besucher kommen denn?“

„Ich denke, um die hundert. “

„Bestimmt! Letztes Jahr waren es mehr“, sagt Benno.

„Dann brauchen wir eine ganze Menge. Hm, drei-, vierhundert - ich habe ein Kochbuch mitgebracht. Habt ihr Lust, was auszusuchen?“

„Ja, super! Zeig mal!“ Die beiden jungen Frauen nehmen das Buch und blättern:

❯Ü5 „Das sieht toll aus! Hm, lecker! …“

„Und was mache ich?“, fragt Benno.

„Oh, es gibt noch viel zu tun! Getränke bestellen, Brötchen und Baguette besorgen und natürlich die Bilder aufhängen. Und die Zutaten einkaufen.“

7

❯Ü6
❯Ü7

„Dann bestelle ich mal die Getränke. Was brauchen wir, Leo?"
Benno nimmt einen Notizblock.
„Auf jeden Fall Rotwein. In der ‚Getränkequelle' gibt es im Moment einen sehr guten Rioja[3], gar nicht teuer. Und Mineralwasser und vielleicht Saft. Sieh doch mal nach, was wir noch haben."
„Bier?"
„Auf keinen Fall! Kein Bier zur Vernissage, das passt nicht, finde ich."
„Sind die Getränke auch umsonst?"
„Hm, ich dachte, ja. "
„Nein. Ein Getränk ist frei und wer noch was möchte, muss bezahlen."
„Das geht nicht, mein Lieber!" Leo lacht laut. „Das ist ein besonderer Abend. Die Vernissage beginnt um 19 Uhr und dauert vielleicht zwei Stunden. Wer dann noch bleibt, kann ja was bestellen."
„Wenn du meinst. Wer bedient eigentlich am Freitag?"
„Anna und Veronika servieren das Essen und Paco und du, ihr bringt die Getränke!"
„Ich kann kein Tablett tragen! Das weißt du doch!"
„Dann üben wir das eben noch. Ach, übrigens, bitte bestell bei der ‚Getränkequelle' schriftlich, die bringen oft was durcheinander. Schick ihnen eine E-Mail oder ein Fax."
„Und was soll ich bestellen?"
„Also, schreib auf: 5 Kästen Mineralwasser, 3 Kästen Orangensaft und 3 Kartons Rioja: Im Karton sind jeweils 6 Flaschen mit 1 Liter. Das sind dann, hm, circa 150 Gläser. Das reicht."
„Du kannst aber schnell rechnen!"
„Ich bin schließlich Gastronom"
„Und ich dachte, du bist Künstler."

❯Ü8

3 *der Rioja*: spanische Weinsorte

Donnerstag.

Benno sitzt im Büro und telefoniert. Vor einer halben Stunde ist die Getränkelieferung gekommen. Leider hat die Firma den Wein verwechselt. Statt Rotwein hat sie Weißwein geschickt.

○Ü9
○Ü10

Benno geht in die Küche und ruft laut: „Leo? Leo, bist du da?"
Dann geht er in den ersten Stock und klopft an der Tür zum Atelier. Niemand antwortet.
Er geht in die Garage. Das Auto ist auch weg. Vermutlich ist Leo beim Einkaufen.
Ein blauer Motorroller kommt um die Ecke.
„Hola[4], Benno!"
„Hallo, Felipe! Du kommst wie gerufen!"
„Ich? Wieso? Leo hat gesagt, ich soll heute ..."
„Genau! Du kannst gleich die Sache mit der Weinbestellung klären. Du verstehst doch Spanisch?"
„Si, Señor! Aber von Wein verstehe ich gar nichts. Was muss ich tun?"
Benno erklärt Felipe das Problem und gibt ihm die Adresse von der ,Getränkequelle'.

4 *Hola! spanisch* Hallo!

„Das ist ja am anderen Ende der Stadt!"
„Dann nimm die U-Bahn! Weinprobe und Rollerfahren passt sowieso nicht zusammen", lacht Benno.
„Tja, dann auf zur Degustación![5]"

„Guten Tag, ich komme wegen der Degustación!"
„Ah, wir haben telefoniert: Ja, Sie möchten also unseren Tinto probieren?"
„Hm, ich möchte den Rioja probieren."
„Haben Sie schon vergessen? Rotwein heißt auf Spanisch: Tinto! Und es gibt roten und weißen Rioja.
Aber am meisten wird natürlich die rote Rebsorte Tempranillo angebaut. Tempranillo ist die bedeutendste rote Rebsorte in Spanien."

„Aha!" Felipe versteht gar nichts. Er trinkt eigentlich lieber Cola. Aber er möchte Leo einen Gefallen tun und einen guten Wein bestellen.
„Darf ich mal probieren?"
„Aber gern!"
Die Verkäuferin schenkt Felipe ein kleines Glas mit Rotwein ein.

5 *die Degustación*: *spanisch* die Weinprobe

Felipe tut sehr professionell: Er riecht zuerst, dann schwenkt er den Wein im Glas. Dann riecht er noch einmal. Er nimmt einen kleinen Schluck.

„Und?", fragt die Verkäuferin neugierig.

„Jaaaaa ..., nicht schlecht."

Er probiert noch zwei andere Sorten Rioja.

„Und was kosten die so?"

„Der erste ist ein Crianza, also noch relativ jung. Da kommt die Flasche auf 4 Euro fünfzig. Der zweite ist ein Reserva, der kostet fünf Euro und der letzte ist ein Gran Reserva, die Flasche zu 6 Euro. Bei Abnahme im Karton, versteht sich."

„Versteht sich ...", wiederholt Felipe. Er hat nicht verstanden, was Reserva oder Gran Reserva bedeutet. Und geschmeckt haben ihm alle drei gleich. Er nimmt drei Kartons Reserva.

„Können Sie die drei Kartons liefern?"

„Selbstverständlich, aber heute schaffen wir das nicht mehr. Ist morgen in Ordnung?"

„Ja, das geht. Aber bitte morgen Vormittag."

„Kein Problem! Vielen Dank. Dann brauche ich hier noch Ihre Unterschrift, bitte!"

„Meine Unterschrift? Wozu denn?"

„Eine Bestätigung für Ihre Bestellung. Wir arbeiten hier seriös und professionell!"

Felipe unterschreibt, dann bringt ihn die Verkäuferin zur Tür.

„Ja, vielen Dank auch."

Ü11 Felipe spürt den Wein. Langsam geht er zur U-Bahn.

4

„Ihre Fahrscheine, bitte! Fahrscheinkontrolle!"
Felipe erschrickt. „Oh, Mann! So ein Mist!"
Er will gerade zum anderen Ende des U-Bahn-Waggons gehen,
da sagt jemand hinter ihm:
„Hier geblieben, Freundchen! Bist du taub? Deinen Fahrschein,
aber dalli!⁶"
„Lassen Sie mich los! Und seit wann duzen wir uns?"
Der Kontrolleur hält Felipe fest und winkt seinem Kollegen.
„Kennen wir uns nicht? Letzte Woche haben wir dich doch auch
erwischt?"
„Ich kenne Sie nicht! Lassen Sie mich los!"
„Wir möchten nur deinen Fahrschein sehen. Dann kannst du
weiterfahren."
Die anderen Fahrgäste sehen dem Spektakel schadenfroh⁷ zu.
Felipe sucht in seinen Hosentaschen.
„Er muss hier irgendwo sein."
Er sucht in seiner Jacke.

Bei der nächsten Haltestelle drängen ihn die Kontrolleure aus
dem Waggon auf den Bahnsteig.
„So, jetzt kannst du in Ruhe suchen."
Die beiden Männer grinsen.
„Ich habe tatsächlich keinen Fahrschein, tut mir leid."
„Oho, hast du gehört? Es tut ihm leid! Na, dann tut es mir auch

---

6 *aber dalli!*: ugs. für *aber schnell!*
7 *schadenfroh sein*: man freut sich, wenn andere Pech haben oder etwas Unangenehmes
erleben

leid. Leider musst du jetzt 40 Euro Strafe zahlen. ‚Erhöhtes Be-
förderungsentgelt', wie das so schön heißt."

„Und von letzter Woche noch mal 40 Euro!", lacht der andere
Kontrolleur.

„Also, Junge, zahlen schafft Frieden!"

„Ich habe nicht so viel Geld."

„Dann brauchen wir deine Personalien: Name, Adresse!"

„Weiß ich nicht auswendig ..."

„Du bist wohl ein richtiger Spaßvogel, was? Ausweis, aber
schnell!"

„Ich habe leider meine Brieftasche vergessen."

Der Kontrolleur will Felipe in die Jackentasche greifen.

„Lassen Sie das! Sie dürfen mich nicht durchsuchen!"

„Sieh an! Ein ganz Schlauer! Kurt, ruf die Polizei. Junger Mann,
hiermit teile ich Ihnen mit, dass ich Sie gemäß § 127 StPO⁸ vor-
läufig festnehme!"

Der zweite Kontrolleur holt sein Handy aus der Tasche und wählt
eine Nummer.

Das ist der Moment, wo sich Felipe losreißt und wegläuft. Er rennt
den Bahnsteig entlang bis zum anderen Ende.

Aber niemand folgt ihm.

Haben die beiden Kontrolleure nur Spaß gemacht? Wollten sie
ihm einen Schreck einjagen?

Felipe bleibt stehen und dreht sich um.

Die beiden Kontrolleure stehen noch an der gleichen Stelle.
Der eine winkt und der andere deutet auf eine Kamera auf dem
Bahnsteig.

„Mist! Die Überwachungskamera! Sie haben ein Bild von mir ..."

Schnell läuft Felipe die Treppen hoch.   ❯Ü12

---

8 *die StPO*: Abkürzung für *die Strafprozessordnung* (gesetzliche Vorschriften für die Durch-
führung von Strafverfahren)

5

Freitagnachmittag.

In der Küche arbeiten Veronika, Anna und ihr Freund Paco. Sie bereiten das „Fingerfood" vor. Es gibt belegte Brötchen und Melone mit Schinken als Vorspeise. Dann gibt es Mini-Pizzas, kleine runde Pizzas mit verschiedenen Sachen: Thunfisch, Pilze, Salami, Käse und Gemüse. Insgesamt haben sie fast zweihundert vorbereitet.

Felipe spült Gläser: Leo rechnet mit circa einhundert Besuchern. Felipe stellt verschiedene Gläser auf die Tabletts: Weingläser, Wassergläser, Saftgläser.

„Gläser spülen ist ein gute Übung fürs Servieren", hat Benno gesagt und seine Aufgabe einfach an Felipe abgegeben.

Im Lokal hängen Leo und sein Freund Klaus Meier die Bilder auf. Leo ist sehr kritisch. Er sieht sich alles immer wieder an und hängt die Bilder wieder um.

Benno schreibt kleine Kärtchen und klebt sie unter die Bilder. Auf den Kärtchen steht der Titel und der Preis.

„Ich brauche eine Pause!"

Anna wischt sich die Hände ab und geht ins Lokal: „Wer möchte Kaffee?"

„Ich!"

„Ich auch!", rufen Leo und Klaus.

„Wo ist Benno?"

„Der ist im Büro und druckt noch ein paar Kärtchen aus. Mach

ruhig mehr Kaffee. Benno trinkt bestimmt auch einen."
Anna sieht sich die Bilder an.
„Toll! Ich bin sehr gespannt, wie es ist, wenn alles fertig ist."

„Hallo? Ist da jemand?"
Benno erschrickt.
„Ja?"
„Darf ich reinkommen?"
Benno steht auf und geht zur Tür. Eine junge Frau mit Fotoapparat
steht davor. Sie lächelt schüchtern.
„Sind Sie der Künstler?"
„Ich? Nein, ich bin der Assistent. Der Künstler, also Leo, ist unten.
Und wer sind Sie?"
„Ich komme von der Morgenpost. Mein Name ist Christine
Weskott."
„Was kann ich für Sie tun?" Freundlich lächelt Benno die junge
Frau an.
„Hm, ja, ich möchte gern einen Bericht über die Ausstellung
schreiben und ein Foto machen."
„Ach so, dann kommen Sie bitte."

„Leo, das ist Frau Weskott von der Morgenpost."
Leo steigt von einem Stuhl und begrüßt die junge Frau.
„Guten Tag! Sehr angenehm. Warum kommen Sie nicht heute
Abend? Dann ist alles fertig."
„Das geht leider nicht. Heute Abend muss ich in die Stadthalle.
Aber ich würde sehr gern ein kurzes Interview mit Ihnen ma-
chen."
„Junge Frau, ich bin ja noch gar nicht fertig mit dem Aufhängen.
Eigentlich habe ich überhaupt keine Zeit ..."
„Dann mache ich ein Foto. Das ist doch eine gute Werbung für

Ihre Ausstellung.“

„Ja, schon ...“, brummt Leo.

Die junge Frau packt ihren Fotoapparat aus. Sie geht langsam im Lokal herum und bleibt vor einem großen Bild stehen. Es ist das neueste Bild von Leo.

„Können Sie sich bitte neben das Bild stellen?“

„Das ist ja noch nicht mal signiert. Hoffentlich ist es schon trocken!“, lacht Leo. Leo hasst solche Fotos: Der Künstler und sein Werk! Er ruft alle:

„Kommt ihr mal bitte? Fototermin!“

„Wann kommt das Foto in die Zeitung?“, fragt Paco.

„Morgen, in die Wochenendausgabe. Die lesen die meisten Leute.“

„Ich bin in der Zeitung!“ ruft Felipe begeistert. „Das muss ich
⟩Ü13 gleich zu Hause erzählen“.

Edinburgh Napier University
Information Services / Library

Customer name: HELOISA INES FYFE
Customer ID: **********4674

Title: Unter Verdacht /
ID: 38042008198911
Due: 11/09/2017 23:59:00 BST

Title: German grammar in context : analysis
and practice /
ID: 38042008557330
Due: 11/09/2017 23:59:00 BST

Total items: 2
04/09/2017   11:55
Overdue: 0
Hold requests: 0

Thank you for using Self Service Loan & Return

Your loan will renew automatically for up to 12
weeks (books) or 4 weeks (most other items), if
the title is not Requested

Keep up to date through LibrarySearch / My
Library Card, and your weekly Library Activity
Update

We welcome your Feedback
Email: Library@Napier.ac.uk
Phone: 0131 455 3500

Am nächsten Morgen.
Leo ist erst sehr spät ins Bett gegangen. Trotzdem ist er sehr früh aufgestanden: Für neun Uhr hat er alle Helferinnen und Helfer zu einem großen Frühstück eingeladen.
Es gibt frische Brötchen, Eier, Schinken, Käse und Marmelade.
Er hat zwei Tische abgeräumt und sie zu einem großen zusammengestellt. Der Tisch ist schön gedeckt. Auf den anderen Tischen stehen noch Gläser vom Abend.
Im Laden von Elisabeth Neumann hat er die „Morgenpost" geholt.
„Ah, der berühmte Künstler! Sie sind heute in der Zeitung, Leo!"
Frau Neumann war ganz begeistert. Sie hat ihm das Foto im Lokalteil gezeigt. Leo hat dann gleich fünf Zeitungen gekauft.

„Morgen!"
„Guten Morgen!"
Kurz nach neun kommen die Frühstücksgäste: Anna und Paco, Veronika und Klaus Meier – Veronika hat ihre kleine Tochter Iris mitgebracht – und Benno und Felipe.
„Auf dem Tisch liegen die Zeitungen von heute, die sind für euch. Unser Foto ist drin! Wer möchte Kaffee? Wer Tee?", fragt Leo.
Aber seine Gäste blättern schon neugierig in den Zeitungen.
„Hier! Guck mal! Schönes Foto!"
„Zeig! Auf welcher Seite?"
Alle rufen durcheinander und endlich haben sie die richtigen Seiten aufgeschlagen.

Noch bis zum 24. Juni sind die großartigen Bilder des bekannten Malers Leo zu sehen. Unser Foto zeigt den Künstler (Mitte) und seine Helferinnen und Helfer. Jedes Jahr zeigt der Maler seine neuen Werke in seinem Lokal „Leo & Co.". Ein Besuch lohnt sich!

Klaus Meier hat den Text vorgelesen.

„Sag mal, hast du die Reporterin bestochen?"

„Tja, das ist eben die unerklärliche Attraktion von Künstlern!", lacht Leo. Dann sagt er weiter:

„Aber leider wird das der Ausstellung ziemlich wenig nützen. Jeder Kindergarten oder Seniorenclub bekommt so einen Beitrag."

„Ihr müsst wissen, unser Künstler möchte lieber Sensationen oder Skandale!", bemerkt Klaus Meier ironisch.

„Immerhin hat Leo gestern ein Bild verkauft! Genau das!", sagt Felipe stolz und zeigt auf das Zeitungsfoto.

„Das ist doch toll!", freut sich Anna.

„Gratuliere!", ruft Veronika.

„Hat Leo Geburtstag?", fragt Iris ihre Mutter.

„Nein, er hat ein großes Bild verkauft. Guck mal, das da hinten!"

„Abwarten!" Leo winkt ab und trinkt seinen Kaffee.

Die Runde frühstückt und um elf zeigt Klaus Meier auf seine Uhr. Er hat mit Leo einen Ausflug geplant.

Auch die anderen Gäste gehen. Nur Felipe bleibt im Lokal. Er räumt auf.

Zuerst bringt er alle schmutzigen Gläser in die Küche und stellt sie in die Geschirrspülmaschine. Dann holt er den Staubsauger aus dem Abstellraum.

„Hallo? Hallo, Leo?"

Felipe geht in das Lokal: Dort steht der Mann von gestern Abend.

„Hallo! Ist der Meister da?"

„Nein, hm, der ist gerade weg."

„Ich möchte das Bild abholen!"

„Ach so. Das ist jetzt schwierig. Leo kommt erst heute Abend wieder."

„Kein Problem! Sie sind ja da. Ich gebe Ihnen das Geld, nehme das Bild – und gut."

„Ich weiß nicht ..."

„Keine Sorge. Ich habe das gestern Abend mit Leo besprochen! Sehen Sie: Hier ist das Geld. Genau die Summe, die auf dem Kärtchen steht. Wo ist das Problem?"

„Einen Augenblick, bitte, Ich versuche Leo zu erreichen ..."

Felipe geht in die Küche und sucht die Handynummer von Leo.

Er ruft an, aber es meldet sich niemand.

Dann versucht er Veronika zu erreichen.

❍Ü18

19

Felipe geht ins Atelier. Dort steht eine große Rolle Folie. Er schneidet ein großes Stück ab und geht zurück ins Lokal.

„Können Sie es schon mal verpacken, bitte? Ich komme gleich wieder!"

Er denkt an die Frau im Getränkeladen: „Wir arbeiten hier seriös und professionell ..."

Er sucht den Stempel von Leo und drückt ihn auf ein Blatt Papier.

Dann notiert er das Datum und schreibt eine Quittung.

Als er wieder ins Lokal kommt, ist das Bild verpackt und der Mann gibt Felipe das Geld.

„Bitte zählen Sie nach!"

Felipe zählt das Geld und bittet den Mann: „Bitte unterschreiben Sie hier ..."

Der Mann lacht, unterschreibt und geht.

❍Ü19

Zwei Wochen später.

Benno und Felipe sortieren die leeren Flaschen in die Getränke-kisten.

Felipe stapelt die Kisten in den Kombi.

„So, ich fahre dann los. Kommst du mit?" Benno steigt ein.

„Nö! Keine Lust. Ich mache noch den Hof sauber und dann gehe ich nach Hause."

„Wie du willst. Tschüs!"

Benno fährt los und ein dunkelgraues Auto hält vor der Kneipe.

Felipe ist starr vor Schreck: Polizei?

Er hat es geahnt! Das Foto in der Zeitung bringt die Polizei auf seine Spur. Und jetzt?

Ein Mann steigt aus. In der Hand hat er eine kleine Mappe. Er sieht sich das Haus an, dann geht er zum Eingang.

Felipe schleicht über die Terrasse ins Lokal.

Er hört das Klingelzeichen und kurze Zeit später poltert[9] Leo die Treppe runter.

Leo öffnet die Haustür und die beiden Männer sprechen mitein-ander.

Felipe versteht nichts.

„Kommen Sie doch bitte ins Lokal! Dort können wir in Ruhe miteinander sprechen", sagt Leo.

Felipe schaut sich um. Nirgendwo ein Versteck. Er läuft hinter die Theke.

Die beiden kommen näher.

9 *poltern*: hier: sehr laut die Treppen runtergehen

„Darf ich Ihnen was anbieten? Einen Espresso vielleicht?"

„Gern!"

Der Polizist setzt sich an einen Tisch und legt seine Mappe ab.

Leo macht einen Espresso und stellt ihn dem Polizisten hin.

❯Ü20 „Danke schön!"

„Und jetzt bitte noch mal von vorne!"

„Also, Leo, sind das Ihre Bilder hier?"

„Ja! Aber Sie möchten doch sicher kein Bild von mir kaufen?"

„Nein." Der Mann lächelt irritiert. „Ist dieses Bild auch von Ihnen?" Er legt ein großes Farbfoto auf den Tisch.

„Ja! Das ist auch von mir. Das habe ich verkauft, gleich bei der Eröffnung. Kann ich mal sehen?"

Leo sieht sich das Foto genau an. Unten rechts ist eine große Signatur! Leo ist Kunstexperte. Er sieht sofort, dass es die Signatur eines sehr berühmten Malers ist.

„Das ist nicht meine Signatur!"

„Deshalb bin ich hier! Gegen Sie liegt eine Anzeige vor!"

„Was? Wieso? Wer?" Leo ist sprachlos.

„Leo, gegen Sie liegt eine Anzeige wegen Kunstfälschung vor! Vor zehn Tagen brachte ein Sammler dieses Bild zu einer Auktion. Es sollte für 100.000 Euro versteigert werden. Aber der Auktionator hat das Bild zum Glück sofort als Fälschung erkannt. Der Sammler hat ausgesagt und behauptet, dass er das Bild von Ihnen gekauft hat."

„Das ist doch Unsinn!", unterbricht Leo.

„Unterbrechen Sie mich nicht! Haben Sie das Bild gemalt oder nicht?"

„Es sieht aus wie meins, ja ..."

„Na also!"

„Hören Sie: Ich habe das Bild gemalt und verkauft. Aber es war noch nicht signiert. Der Käufer hatte es sehr eilig, das muss jemand anders signiert haben! Ich fälsche doch keine Bilder!"

„Können Sie das beweisen?"

Leo denkt nach. Natürlich kann er es nicht beweisen. Das Bild war noch nicht mal ganz trocken. Normalerweise fotografiert er jedes fertige Bild für sein Archiv.

„Piiep! Piiep!"

„Entschuldigung, mein Handy."

Leo liest die SMS:

●Ü21

Leo liest die SMS noch zweimal.

Woher weiß Felipe von diesem Gespräch? Er ist ratlos.

Dann sagt er:

„Ich habe einen Zeugen."

„Ach ja! Und wo ist der?"

„Hier!", sagt Felipe und kommt unter der Theke hervor.

●Ü22

24

„Dürfen wir reinkommen? Haben Sie schon geöffnet? Wir kommen wegen der Ausstellung"

„Natürlich, kommen Sie rein!"

Leo trinkt mit Klaus Kaffee. Er erzählt von dem interessanten Besuch.

„... Und plötzlich ist Felipe aufgetaucht! Du hättest das Gesicht von dem Polizisten sehen sollen!"

„Und wieso war er die ganze Zeit unter der Theke?"

„Das ist eine ganz andere Geschichte! Felipe ist zweimal beim Schwarzfahren erwischt worden und er glaubt, dass die Kontrolleure ein Foto von ihm haben - die Überwachungskamera in der U-Bahn ... Und nachdem wir alle zusammen auf dem Zeitungsfoto waren, dachte er allen Ernstes, die Polizei ist seinetwegen da. Für ihn ganz logisch: Foto, Ausstellung, Leo – und schon hatten sie ihn. Tja, und als er das Auto sah, hat er sich unter der Theke versteckt."

„Guten Tag, wir kommen wegen der Ausstellung."

„Bitte schön, hereinspaziert!" Leo begrüßt die Besucher und sagt leise zu Klaus Meier: „Was ist denn heute los? Noch nicht mal 10 Uhr ...."

❯Ü23

„Guten Morgen!" Anna und Paco kommen eilig in das Lokal.

„Hast du schon gelesen? So eine Schweinerei!"

„Was? Setzt euch doch und trinkt einen Kaffee mit uns!"

„Hier! Diese ..., diese ..." Anna ist empört.

Sie wirft die neueste Ausgabe vom ‚Morgenblatt' auf den Tisch.
Paco blättert den Lokalteil auf. „Hier, lest selbst!"

Kunstmaler Leo – ein Fälscher?

Der Maler Leo ist der Fälschung verdächtig[10]! Nachdem wir erst letzte Woche über seine aktuelle Ausstellung berichtet haben, fällt jetzt ein ganz  anderes Licht auf den Künstler. Leo hat das Bild eines international bekannten Künst-lers gefälscht. Die Fälschung sollte bei einer Auktion 100.000 Euro bringen. Dank dem aufmerksamen Auktionator Lorenz S. konnte der Schwindel in letzter Minute ver-hindert werden. Bei einer Hausdurchsuchung im Atelier des Künstlers wurde gestern umfangreiches Beweismaterial sichergestellt. Wir halten Sie auf dem Laufenden.[11] *C. Weskott*

10 *verdächtig sein*: der Polizist glaubt, dass Leo ein Unrecht begangen hat, kann es aber (noch) nicht beweisen
11 *jemanden auf dem Laufenden halten*: jemandem immer die aktuellen, neuesten Informationen über etwas geben

„Von der Hausdurchsuchung hast du gar nichts erzählt", sagt Klaus Meier.

„Ist doch alles Quatsch!" Leo schiebt die Zeitung weg.

„Aber warum schreibt die so was?" Anna ist immer noch empört.

„Für die Medien sind schlechte Nachrichten besser als gute Nachrichten, mi amor![12] Die steigern die Auflage", sagt Paco.

Klaus Meier zeigt auf die Besucher und sagt:

„Jedenfalls zieht der Artikel Besucher an …"

12 *mi amor!*: *spanisch* meine Lieb(st)e!

🔟

„Hola, Leo! Ganz schön viel los hier!"

„Tja, gute Kunst zieht die Leute an!" Leo lacht ironisch. Er bereitet ein Tablett mit Espresso und Cappuccino vor.

„Brauchst du mich heute Nachmittag?" Felipe sieht auf die Terrasse: Alle Tische sind besetzt. Die Gäste trinken Kaffee und unterhalten sich. Fast alle haben sich auch die Ausstellung angesehen.

„Anna ist ja da. Aber für dich habe ich einen anderen Job: Und ich brauche dein Ehrenwort[13], dass du ihn auch ausführst!"

„Das klingt ja spannend."

„Komm doch mit ins Büro!"

„Zuerst einmal dein Geld! Hier ist dein Lohn für diese Woche. Und das ist ein Extra-Honorar: Damit bringst du deine Schwarzfahrer-Aktion in Ordnung!"

„Wie bitte? Du meinst, ich gehe zur Verkehrszentrale und bezahle freiwillig die Strafe?"

„Freiwillig! Das ist gut!" Leo lacht. „Jawohl. Genau da gehst du hin und bezahlst freiwillig!"

„Das ist nicht dein Ernst? Oder?"

„Doch! In meinem Alter kann so ein Schock wie neulich tödlich sein."

„Was für einen Schock meinst du denn?"

„Dein plötzliches Auftauchen unter der Theke! Und alles nur,

---

13 *das Ehrenwort*: ein großes (feierliches) Versprechen

weil du eine Schwarzfahrer-Paranoia[14] hast! Also, bring die Sache
ins Reine![15]"

Kleinlaut sagt Felipe: „O.k., wenn du meinst ..."

„So, dann ist das geklärt. Jetzt habe ich aber noch eine andere
Aufgabe für dich: Hier, diese Rolle bringst du bitte in die Lokal-
redaktion vom Morgenblatt."

Felipe liest die Adresse.

„Was ist da drin? Eine Bombe?"

Leo lacht. „Ganz im Gegenteil! Eine kleine Aufmerksamkeit, eine
Zeichnung von mir."

Zunächst ist Felipe ratlos, dann kommt ihm eine Idee.

„Bestechung?"

„Was für ein hässliches Wort! Du hast doch eben deinen Lohn
bekommen, oder?"

„Ja ...", antwortet Felipe vorsichtig.

„Also, für eine Arbeit, die man gemacht hat, bekommt man Lohn.
Und die Dame hat ihre Arbeit gut gemacht! Wir hatten noch nie
so viele Ausstellungsbesucher und selten so viele Gäste!"

◑Ü24 „Ich verstehe! Wird gleich erledigt, Chef!"

---

14 *die Paranoia:* griechisch die Wahnvorstellung
15 *etwas/eine Sache ins Reine bringen:* ugs. für *etwas/eine Sache in Ordnung bringen*

Später am Nachmittag geht Leo noch einmal ins Büro. Nach dem Durcheinander der letzten Tage muss er endlich aufräumen. Überall liegen Zettel und Quittungen, Rechnungen und E-Mail-Ausdrucke.

Es ist ein Fax angekommen. Er geht zum Faxgerät und liest:

Danke, Leo! Die Zeichnung ist wunderschön!
P.S. Dieser Artikel erscheint am Montag in der Morgenpost.
C. Weskott

Falscher Verdacht!
Der stadtbekannte Künstler Leo wurde Opfer einer infamen Intrige.[16]
Die Medien berichten seit längerer Zeit über die sensationellen Preise auf dem Kunstmarkt. Das lukrative[17] Geschäft mit Bildern motivierte vermutlich auch den Sammler H. B., ein Gemälde von Leo mit einer falschen Signatur zu versehen und damit rund 100.000 Euro zu erschwindeln.
Wie uns die Polizei mitteilte, sind die Vorwürfe gegen den Kunstmaler Leo inzwischen rückhaltlos ausgeräumt.
Zwei Wochen sind die Bilder des Künstlers noch zu sehen. Unser Tipp: überaus sehenswert, hingehen!

Zufrieden nimmt Leo das Fax und wirft es in den Papierkorb.

ENDE

---

16 *die infame Intrige*: eine gemeine, hinterlistige Handlung
17 *lukrativ*: *lateinisch* gewinnbringend, es bringt Geld

KAPITEL 1

1 Was erfahren Sie über Felipe?

2 Wie bereiten Leo und Felipe die Ausstellung vor? Notieren Sie die Tätigkeiten.

Leo	Felipe

3 Was erfährt Klaus über den Kunstmarkt?

> Geld • Sensationen • Skandale • …

KAPITEL 2

4a Was bedeuten die Wörter?

die Vernissage _____

das Fingerfood _____

4b Wie heißen die Wörter in Ihrer Sprache?

_____

5 Stellen Sie sich vor, Sie sollen das Essen für die Vernissage planen: „Fingerfood". Machen Sie einen Vorschlag.

6 Anna und Veronika planen das Essen. Richtig oder falsch? Hören Sie und kreuzen Sie an.

	R	F
Als Vorspeise gibt es		
Thunfischtörtchen mit Apfelmayonnaise	☐	☐
belegte Brötchen	☐	☐
Als warme Speise gibt es		
Mini-Pizzas	☐	☐
eine Suppe	☐	☐
Als Nachtisch gibt es		
einen Kuchen	☐	☐
nichts	☐	☐

7a Hören Sie noch einmal und schreiben Sie einen Einkaufszettel für Anna und Veronika.

7b Lesen Sie und vergleichen Sie mit Ihrem Einkaufszettel.

„Hm, das ist lecker! Hör mal: Thunfischtörtchen mit Apfelmayonnaise! Zubereitungszeit eine Stunde und Kochzeit und …"

„Und?"

„Das dauert zu lange! Fast zwei Stunden vorbereiten und dann gibt es nur 20 Törtchen. Wir brauchen Rezepte, die schnell gehen …"

„… und trotzdem lecker sind!"

„Und wir brauchen circa dreihundert Stück!"

„Stimmt! Uff, das macht ganz schön viel Arbeit."

„Ich habe eine Idee! Zuerst machen wir kleine kalte Vorspeisen, dann gibt es was Warmes. Wie findest du das?"

„Klasse! Und was machen wir?"

„Also, pass mal auf: Als Vorspeise machen wir ‚Melone mit Schinken', das ist ganz einfach! Wir schneiden die Melone in feine Scheiben und legen ein Stückchen Parmaschinken drauf, fertig!"

„Moment, ich schreibe die Zutaten auf, o.k.? Melone, Schinken. Weiter."

„Und dann brauchen wir Baguette! Wir schneiden dünne Scheiben, so ungefähr einen Zentimeter dick, und darauf legen wir dann …"

„Lachs und Frischkäse, das ist lecker!"

„Genau! Oder Tomaten und Basilikum, oder Tomaten und Feta …"

„Wir machen einfach kleine belegte Brötchen. So, dazu brauchen wir eine ganze Menge. Ich notiere …"

„Und ich suche was Warmes. Ha, das ist es! Mini-Pizza! Der Teig ist ganz einfach und wir können ganz viele verschiedene Sachen drauf legen! Wir machen Mini-Pizzas mit Salami und Schinken, andere mit Thunfisch oder Käse …"

„… und welche mit Gemüse! Super Idee!"

„Die bereiten wir alle vor und schieben die Bleche nach Bedarf in den Ofen. Die brauchen zum Backen vielleicht eine Viertelstunde …"

„Und zum Nachtisch?"

„Wollen wir einen Kuchen backen? Einen Blechkuchen? Das gibt viele kleine Stückchen."

„Nein! Die Leute sollen sich ja die Bilder ansehen und nicht den ganzen Abend essen! Es gibt keinen Nachtisch!"

8a Wer macht was? Ergänzen Sie die Namen in der Tabelle.

Tätigkeiten (was?)	Namen (wer?)
das Essen planen	
einkaufen	
das Essen zubereiten	
die Getränke bestellen	
das Essen servieren	
die Getränke servieren	

8b Benno soll die Getränke bestellen. Helfen Sie ihm und schreiben Sie ein Fax an die Getränkequelle.

Diese Informationen braucht die Getränkequelle:

Adresse • Faxnummer • Absender • Anrede
Getränke (welche? wie viel?) • Liefertermin • Grußformel
Datum • Gruß • Unterschrift

Fax: 040 – 414 472

Sehr geehrte Damen und Herren,

Bitte liefern Sie uns die Getränke morgen in unser Restaurant „Leo & Co.".

KAPITEL 3

9 Benno hat ein Problem. Hören Sie. Was ist passiert?

Der Fahrer ...

10 Hören Sie noch einmal und ergänzen Sie.

„Getränkequelle, Niedecken, guten Morgen. Was kann ich für Sie tun?"

„Mir das liefern, was ich _____ habe!"

„Entschuldigung, was haben Sie gesagt?"

„Ihr Fahrer hat gerade unsere Bestellung von gestern geliefert. Leider

_____ statt _____."

„Oh, das tut mir leid! Was haben Sie denn bestellt?"

„Wir haben _____ _____ Rioja bestellt."

„Ihr Name bitte!"

„_____!"

„Leo?"

„Ja, einfach Leo. Unser Lokal heißt ‚Leo & Co.'"

„Ah ja. Hier ist Ihre Bestellung. Sie haben gestern per Fax Getränke
bestellt:

5 Kästen _____, dann 3 Kästen

_____ und 3 Kartons Rioja!"

„Eben! Und warum liefern Sie dann Weißwein?"

„Junger Mann, hier steht Rioja. Aber nicht, ob _____ oder

_____!"

„Heißt ‚Rioja' nicht rot auf Spanisch?"

„Nein, junger Mann. Rot heißt auf Spanisch ‚rojo', aber bei Rotwein

sagt man ‚tinto'. Also, was für eine _____ möchten Sie?"

„Hm, das ist jetzt blöd, der Chef ist nicht da."

„Am besten kommen Sie vorbei und _____. Wir
haben nämlich verschiedene rote Riojas! Und die 3 Kartons bringen
Sie gleich mit."

51

11 Ergänzen Sie die Sätze.

1. Benno schickt Felipe zur Weinprobe, weil _____

_____

2. Felipe muss die Bestellung unterschreiben, denn _____

_____

KAPITEL 4

**12a Fahrscheinkontrolle:
Was ist passiert? Nummerieren
Sie die richtige Reihenfolge.**

____ U-Bahn fahren

____ Ausweis kontrollieren

____ weglaufen

____ schwarzfahren

____ Überwachungskamera

____ Strafe bezahlen

____ festnehmen

____ aussteigen

____ Fahrscheinkontrolle

**12b Was passiert in Ihrem Land, wenn man ohne Fahrschein mit
öffentlichen Verkehrsmitteln fährt? Erzählen Sie.**

Bei uns ...

KAPITEL 5

13 Was erfahren Sie über Frau Weskott?

KAPITEL 6

14a Hören und ergänzen Sie.

„Morgenpost, guten Abend! Wo brennt's?"

„Hm, wie bitte? Bin ich richtig, beim _____?"

„Beim Feuilleton, beim L_____, beim _____.

Ich bin heute Abend das M_____ für alles!"

„Aha. Frau Weskott ist nicht mehr da?"

„Weskott? Kenn' ich nicht. Soll die bei uns a_____?"

„Sie hat heute Nachmittag F_____ von einer A_____

gemacht und ..."

„In welcher Galerie?"

„In keiner G_____. Bei uns im Lokal."

„Dann arbeitet sie bestimmt für den Lokalteil. Entschuldigung, kleiner

Scherz. Aber im Ernst, bei uns in der R_____ arbeitet

keine Frau Weskott."

„Merkwürdig."

„Nein, gar nicht! Es gibt viele f_____ Mitarbeiter und Mitar-

beiterinnen bei uns. Die schreiben Beiträge, sind aber nicht fest

a_____."

„Verstehe."

„Vielleicht kann ich Ihnen ja w_____?"

„Frau Weskott hat heute Nachmittag ein Foto gemacht. Sie sagte,

morgen ist es in der Z——————— und ...“

„Und?“

„Kann man das noch v————————?“

„Was ist los, junger Mann? Das klingt ja ziemlich s—————!

Nein, die Ausgabe für morgen ist schon fertig. Die wird in circa zwei

Stunden ausgeliefert.“

„Mist!“

14b Hören Sie noch einmal und vergleichen Sie.

15 Warum will Felipe verhindern, dass das Foto in der Zeitung erscheint? Sammeln Sie Ideen.

> Ich denke, ... • Ich glaube, ... • Vielleicht, ... •
> Wahrscheinlich, ... • Das ist doch ganz klar! ...

16 Warum gefällt dem Käufer das Bild? Hören Sie und notieren Sie.

17a Bringen Sie den Dialog in die richtige Reihenfolge.

_1_ „Das ist der Künstler!"

___ „Ich möchte es wirklich gern kaufen! Und ich möchte es am liebsten gleich mitnehmen, geht das?"

___ „Ich sehe keinen ‚roten Punkt'. Es ist tatsächlich noch zu haben. Aber ich muss es noch signieren."

___ „Danke, Felipe! - Guten Abend! Sie interessieren sich für das Bild?"

_3_ „Guten Abend! Ihre Bilder sind phantastisch! Sie gefallen mir sehr gut! Und das gefällt mir am besten. Die Farben und die Komposition, toll! Einfach toll! Ist es noch zu haben?"

___ „Einverstanden. Wie kann ich bezahlen?"

_9_ „Prima! Und bitte, Leo, kleben Sie einen roten Punkt auf das Kärtchen!"

___ „Na ja, wenn es sein muss. Sie können es aber auch morgen abholen."

___ „Ich schreibe Ihnen eine Rechnung. Sie können bar bezahlen oder das Geld überweisen."

_10_ „Natürlich."

17b Hören Sie noch einmal und vergleichen Sie.

KAPITEL 7

18a Felipe braucht Hilfe. Wer sagt was? Hören Sie und ergänzen Sie die Namen.

F = Felipe   V = Veronika   P = Paco

1. Was ist los? □
2. Hier ist der Typ von gestern Abend. □
3. Was will der Mann? □
4. Dazu kann ich nichts sagen. □
5. Das soll Leo lieber selbst machen. □

6. Was geht ab? ☐
7. Hier ist der Mann von gestern, der Käufer. ☐
8. Ist doch klasse! ☐
9. Nimm die Kohle! ☐
10. Leo wird sich freuen! ☐
11. Zähl das Geld nach! ☐
12. Pass auf, dass er dich nicht übers Ohr haut! ☐

18b Ähnliche Sätze: Was passt zusammen? Ordnen Sie zu.

1. Hier ist der Typ von gestern Abend.

2. Was geht ab?

3. Ist doch klasse!

4. Zähl das Geld nach!

5. Dazu kann ich nichts sagen.

A Leo wird sich freuen!

B Pass auf, dass er dich nicht übers Ohr haut!

C Hier ist der Mann von gestern, der Käufer.

D Das soll Leo lieber selbst machen.

E Was ist los?

19 Schreiben Sie eine Quittung.

Datum • Bildverkauf • 1.800 € • verpackt •
bar bezahlt • Unterschrift

Kaufquittung

KAPITEL 8

20a Was will die Polizei bei Leo? Was glauben Sie? Sammeln Sie Ideen.

Ich denke, ... Ich glaube, ...

20b Warum versteckt sich Felipe hinter der Theke?

Vielleicht ... Wahrscheinlich ...

21a Warum ist die Polizei wirklich bei Leo?

Die Polizei ist bei Leo, ...

21b Wie kann Felipe Leo vielleicht helfen?

Felipe ...

22a Ergänzen Sie.

> Journalistin • Zeitung • zaubern • Foto • Zeugen • Ferien •
> keine Signatur • Beweise • Unterschrift • Quittung

„Können Sie auch _____?"

„Sieht ganz so aus. Aber das wusste ich selbst nicht."

„Und wer sind Sie, junger Mann?"

„Ich heiße Felipe García. Ich arbeite in den _____ hier."

„So. Und wo sind jetzt die _____?"

„Kann ich das _____ vom Auktionshaus mal sehen?"

„Bitte sehr!"

„Moment mal, bitte! Beweis Nummer 1: Das ist das Foto aus der

_____, aufgenommen am Tag vor der Eröffnung. Sehen

Sie mal hier, rechts unten: _____ _____!

Beweis Nummer 2: Das ist die _____ über den Kauf:

Hier steht:

Ich kaufe das Gemälde „Rot-Schwarz" aus der aktuellen Ausstellung
von Leo. Verkaufspreis 1.800,- Euro.
Betrag bar bezahlt. Bild verpackt und selbst abgeholt.

Und hier Datum und _____.

Und dann gibt es natürlich noch eine Menge anderer

_____! Alle hier auf dem Zeitungsfoto können das

bestätigen. Und natürlich die _____ von der Mor-

genpost: Frau Weskott!"

„Hm, die kenne ich. Du solltest Kriminologe werden, junger Mann."

22b Hören und vergleichen Sie.

KAPITEL 9

23 Vergleichen Sie Leos Erklärung mit Ihren Ideen in Ü15 und Ü20. Hatten Sie recht?

> *Ja, ich habe mir das so gedacht. Denn ...*
> *Nein, ich dachte, ...*

KAPITEL 10

24a Lesen Sie. Stimmt das?

Wegen des Zeitungsartikels von Frau Weskott kommen keine Besucher mehr in die Ausstellung. Ins Lokal kommt auch niemand mehr. Alle Plätze sind leer. Felipe bekommt einen Extra-Lohn von Leo, damit er sich in Zukunft Fahrkarten für die U-Bahn kaufen kann. Außerdem hat Leo noch einen Extra-Auftrag für Felipe: Er soll eine Bombe in die Redaktion von Frau Weskott bringen.

24b Korrigieren Sie.

> *So ein Quatsch! Das ist ganz anders: ....*

A FÄLSCHUNGEN

Kunstfälschungen
In der Lektüre wird Leo als Kunstfälscher verdächtigt. Doch was ist Kunstfälschung? Kunstfälschung ist die Nachahmung oder Kopie von Werken anderer Künstler mit dem Ziel des Betrugs. Dazu zählt auch die Kopie der Signatur.

Gefälscht wird alles, was gut und teuer ist: Bilder, Skulpturen, sakrale Kunst, etc. Experten schätzen, dass ungefähr 60 % der Kunst, die auf dem Kunstmarkt gekauft oder verkauft wird, gefälscht ist. Und so gibt es nicht nur berühmte Künstler, sondern auch berühmte Fälscher. Zumindest über zwei von ihnen wurden auch berühmte Filme gedreht. Einer von ihnen ist von Orson Welles: *F wie Fälschung* über den Fälscher Elmyr de Hory, ein anderer ist *Schtonk* über Konrad Kujau, den Fälscher der Hitler-Tagebücher. Mitunter sind die Fälschungen so gut, dass sie in eigenen Ausstellungen gezeigt werden. Doch dafür hat nicht jeder Verständnis. Die Umsätze auf dem illegalen Kunstmarkt schätzen Experten allein in Deutschland auf bis zu 2,5 Milliarden Euro pro Jahr – fast so hoch wie beim legalen Handel. Weltweit werden auf dem internationalen Kunstmarkt ca. 20 Milliarden Euro jährlich umgesetzt.

1. Was versteht man unter einer Fälschung? Erklären Sie.

_____

2. Wie hoch ist der Anteil gefälschter Kunst auf dem Markt?

_____

Die Hitler-Tagebücher

Einer der größten Skandale, die es in Deutschland nach 1945 gab, war die Veröffentlichung der gefälschten Hitler-Tagebücher in der Illustrierten *Stern*. Die Geschichte begann im April 1983, als der *Stern* erklärte, dass er im Besitz dieser Tagebücher ist und sie in einer Serie veröffentlichen will. Bereits im Mai 1983 wusste man, dass es sich um Fälschungen handelte, aber zu dieser Zeit hatte das Magazin schon 62 Bände gekauft und dafür ca. 9,3 Millionen DM bezahlt. Es gab schnell Zweifler und deshalb wurden Gutachten zur Handschrift erstellt. Wenig später hat eine Prüfung ergeben, dass das Papier, auf dem die Tagebücher geschrieben wurden, erst nach 1945 hergestellt wurde. Damit war klar, dass die Tagebücher nicht echt sein können.

Konrad Kujau, der Autor der Tagebücher, kam vor Gericht und wurde wegen Betrugs zu viereinhalb Jahren Gefängnis verurteilt. Der *Stern* musste sich öffentlich entschuldigen. Aus dem Geschäft, das sich der *Stern* erhofft hatte, wurde nichts, denn die Verkäufe des Magazins gingen massiv zurück. Trotzdem zeigt das Beispiel, wie die immer stärker werdende Konkurrenz unter den Medien die Gier nach Sensationen und Skandalen steigert.

3. Richtig oder falsch? Kreuzen Sie an.

	R	F
Der *Stern* hat über 9 Millionen DM für die Tagebücher bezahlt.	☐	☐
Konrad Kujau hat die Tagebücher geschrieben.	☐	☐
Die Tagebücher sind eine Fälschung.	☐	☐
Das Papier wurde 1983 hergestellt.	☐	☐
Der Stern wurde zu viereinhalb Jahren Gefängnis verurteilt.	☐	☐

B DER KUNSTMARKT

Was ist der Kunstmarkt? Das sind alle Sammlerbörsen, Auktionen, Messen oder Galerien, bei denen mit Kunst gehandelt wird. Der Umsatz beträgt weltweit ungefähr 20 Milliarden Euro pro Jahr. Angebot und Nachfrage bestimmen den Preis eines Kunstwerks. Immer mehr wird Kunst zum Statussymbol. Das macht Kunstwerke teurer und hat zur Folge, dass sich öffentliche Einrichtungen wie große Museen teure Kunstwerke immer weniger leisten können und auf Leihgaben angewiesen sind.

Das heißt, private Sammler stellen den Museen ihre Kunstwerke zur Verfügung. Das Positive daran ist, dass die Museen nicht leer sind und die Menschen die Kunstwerke sehen können, obwohl sie Privatbesitz sind. Das Negative daran ist die Gefahr, dass private Sammler großen Einfluss darauf haben, welche Kunst man in öffentlichen Museen oder Sammlungen sehen kann und welche nicht.

4. Was ist der Kunstmarkt? Erklären Sie?

_____

5. Warum können sich Museen teure Kunstwerke immer weniger leisten?

_____

Die Akteure auf dem Kunstmarkt sind vielfältig: Da gibt es
• die Künstler: Sie machen die Kunst.
• die Sammler: Sie sammeln (kaufen) Kunst. Oft spezialisieren sie sich auf eine bestimmte Kunstrichtung oder auf bestimmte Künstler.
• die Galeristen: Sie entdecken und fördern (vermarkten) Künstler.
• die Kunstberater: Sie beraten Museen, Firmen, Sammler beim Kauf von Kunstwerken oder beim Aufbau von Sammlungen.

- die Kuratoren: Sie arbeiten für Museen oder Ausstellungen. Sie entwerfen Ausstellungskonzepte und entscheiden in Museen, welche Kunstwerke gekauft werden.

6. Welcher Beruf auf dem Kunstmarkt würde Ihnen gefallen und warum?

C DIE TEUERSTEN KUNSTWERKE DER WELT

		Verkaufspreis in Millionen US-Dollar	
1 No. 5, 1948	Jackson Pollock	140	November 2006
2 Adele Bloch-Bauer I	Gustav Klimt	135	Juni 2006
3 Junge mit Pfeife	Pablo Picasso	104,2	Mai 2004
4 Dora Maar mit Katze	Pablo Picasso	95,2	Mai 2006
5 Adele Bloch-Bauer II	Gustav Klimt	87,9	November 2006

7. Welches Kunstwerk gefällt Ihnen am besten? Warum? Notieren Sie.

D REKORDE – SENSATIONEN – SKANDALE

8. Suchen Sie in Zeitungen und Zeitschriften oder formulieren Sie selbst:

die besten, schnellsten, teuersten Sportler •
die beliebteste Band • der meistverkaufte Popsong •
der kleinste, größte, älteste, ... Mensch •
der beste Schüler an der Schule • das höchste Haus • ...

Übersicht über die in dieser Reihe erscheinenden Bände:

Stufe 1 ab 50 Lernstunden

Gebrochene Herzen	64 Seiten	Bestell-Nr. **49745**
Die Neue	64 Seiten	Bestell-Nr. **49746**
Schwere Kost	64 Seiten	Bestell-Nr. **49747**
Der 80. Geburtstag	64 Seiten	Bestell-Nr. **49748**
Miss Hamburg	64 Seiten	Bestell-Nr. **46501**
Das schnelle Glück	64 Seiten	Bestell-Nr. **46502**
Die Prinzessin	64 Seiten	Bestell-Nr. **46506**
Ein Hundeleben	64 Seiten	Bestell-Nr. **46507**

Stufe 2 ab 100 Lernstunden

Schöne Ferien	64 Seiten	Bestell-Nr. **49749**
Der Jaguar	64 Seiten	Bestell-Nr. **49750**
Große Gefühle	64 Seiten	Bestell-Nr. **49752**
Unter Verdacht	64 Seiten	Bestell-Nr. **49753**
Liebe im Mai	64 Seiten	Bestell-Nr. **46503**
Der Einbruch	64 Seiten	Bestell-Nr. **46504**
Oktoberfest und zurück	64 Seiten	Bestell-Nr. **46508**
In Gefahr	64 Seiten	Bestell-Nr. **46509**

Stufe 3 ab 150 Lernstunden

Stille Nacht	64 Seiten	Bestell-Nr. **49754**
Leichte Beute	64 Seiten	Bestell-Nr. **49755**
Hinter den Kulissen	64 Seiten	Bestell-Nr. **46505**
Speed Dating	64 Seiten	Bestell-Nr. **46510**